1. Auflage November 1990

Herstellung: Susanne Aeckerle
Lithographie: Julius Fröbus GmbH, Köln
Druck: waz-Druck, Duisburg
ISBN 3-922679-22-9

FRANZISKA BECKER

WEIBER

EMMA

PROMENADEN

Mann, Mann, Mann, heute laufen ja wieder Adonisse durch die Geografie, da gerät frau echt ins Träumen!...
Markantes Profil!...
Wär das nix für dich?! Dynamischer Schwänzchenträger in Designer-Klamotten?..
Jiii, wenn ich Männer mit Drei-Tage-Bart und breiten Hüften seh, ist der Tag schon gelaufen!!..
Die beiden sind Muttis Lieblinge! Schlafen nachts mit ihren Kuscheltieren und schleichen tags aufs Damenklo, um Frauen beim Pipimachen heimlich zu beobachten!...
Wow! Ein Vorstadt-Rambo im Freizeitlook! Der braucht sich abends nicht auszieh'n, der sprengt einfach die Klamotten!!
BLACK 7 RIDER
Aber der ist echt goldig! Also den würd' ich nicht von der Bettkante stoßen!...
Biste bescheuert! Dem mußte doch erst beibringen, wo oben und unten ist. Und dann schaut das Viech immer zu!..

MISCHUNG

Wetten, der treibt's heimlich mit seinem Goldhamster und macht Polaroids davon ?!!
Achtung, hier wandelt der Zeitgeist, männlich herb und stahlhart drauf! Der fesselt dich an's Bett und peitscht mit Petersilie!!...
Nicht so laut! Der ist echt'n Schläger!...
Oder wie wär's mit so'nem Knallalternativen, handgestrickten Zumpelheini in Schafwollunterhosen und mit Jute-Präser?!..
Links ist'n Präcoxler, und rechts'n chronischer Telefonwichser! Da wett ich'ne Witwe Klicko drauf!!
... der läßt sich bestimmt von Huren in die Aktentasche kacken!
Au! Aber das ist jetzt echt was ganz Perverses! 'N Mathelehrer, der läßt sich von seiner Frau über'n Hoden bügeln!!...
Hör auf!!! Ich mach mir sonst in's Makohöschen!...
Der ist aber süß! Jetz mal im Ernst!! Tät ich nich Nein sagen!...
Der ist eine die meine Liebe!...
Noch was zu trinken?
Franziska Becker

BEI SEXPROBLEMEN: MAL EIN BISSCHEN ALKOHOL IST ZUR LOCKERUNG GANZ GUT!
Wenn schon 'ne Flasche im Bett, dann lieber so eine!!...

LIEBE IST...

Als unsere Ehe in einer Krise steckte, fragte ich den Therapeuten, wie ich meinen Mann zurückgewinnen kann.
Er riet mir zu mehr Pep, nicht so prüde zu sein, und seine erotischen Phantasien auszuleben!
So gab ich ihm die Hure,
für den Freier in ihm...
Ich gab ihm die Zofe, für den Herrschsüchtigen...
Ich gab ihm die Domina,
für den Masochisten in ihm...
Ich gab ihm die Mutti,
für das Kind im Manne,
Ich gab ihm das Model,
für den Voyeur...
Ich gab ihm die Krankenschwester,
für den Patienten in ihm...
Ich gab ihm die Heilige,
für den Blasphemisten...
Ich gab ihm das Schulkind, für den Päderasten...
Ich gab ihm die Sklavin, für den Sadisten in ihm!...
Ich gab ihm das Opfer,
für den Nekrophilen in ihm...
Ich kann zufrieden sein! Ich habe
für meine Ehe mein Bestes gegeben!!

Herta, eine Lage Schampus! Der Herr zahlt!
ICH BIN SO BLÖD, WIE ICH AUSSEHE.
Franziska Becker '89

Wenigstens können wir Männer jetzt nachts ohne Angst auf die Straße, weil die Weiber die ganze Zeit vor der Glotze hängen!...
Franziska Becker

DESSOUS - HAUTNAHE
TORSELET: 198.-
SEIDEN SLIP 110.-
STRAPS 69.-
STRÜMPFE 68.-
KAUFHOF-ANGEBOT
387.-
BLÜTENZART:
LUST AUF VERFÜH-RUNG
VERFÜHRUNG IN WEISS
59.-
BH 79.-
SEIDEN BODY 98.-
ENDLICH IST SCHLUSS MIT DER LANGEWEILE DARUNTER!! Frauen gönnen sich wieder Luxus und Raffinesse. Alle sind vom Verwöhn-dich-selbst-Fieber angesteckt. Es kommt schwüle Luft in Deutschlands Schlafzimmer. Damit beim Auspacken die Überraschung größer ist...
EINFACH ZAUBERHAFT: TEDDY aus schmeichelnd-femininer Seide.
TRAUMHAFT: raffiniertes Torselett mit heißem Tanga-Slip und Straps.
VERFÜHRERISCH: Bei diesem Bustier mit Spitzentanga wird jeder schwach.
AUFREGEND FEMININ: TRÄGERLOSES SPITZENKORSELETT mit Ledereinsatz und Straps!
SÜNDHAFT SCHÖN: Der Spitzenbodie schmeichelt jeder Figur!
KNAPPER GEHTS NICH Brassiere Tanga-Strip
FITNESS-CENTER
COORDINATES SIND OUT, RAFFINIERTES VERPACKUNGSMATERIAL IST IN! LASSEN AUCH SIE SICH hinreißen und bringen Sie Ihre Formen vorteilhaft zur Geltung!
BORN TO BE WILD!!
ZUM DRUNTERTRAGEN VIEL ZU SCHADE! Jede Frau kann sich jetzt den Hauch von Raffinesse leisten, der ihr Leben so faszinierend feminin macht!...

VERFÜHRUNG

Ein Spitzenboddie vom Otto-Versand! Hab ich mir was Kosten lassen!
SCHÖNES FÜR DEN GANZEN TAG bringt Jhnen rund um die Uhr das prickelnde Gefühl, begehrt zu werden!
ARBEITSAMT
BITTE HIER EINE NUMMER ZIEHEN
Gi - Ke
FÜHLEN, DASS MAN LEBT, denn chice Wäsche verleiht jeder Frau verführerisches Selbstbewußtsein!
MADONNA
ON TOUR
SEDUCTION
CHER
SÜSSE DREIZEHN! Putzmuntere Sweeties machen auch unsere Kleinen sexy und lassen selbst coole Pulse höher schlagen!
Mein Hirn ist klein, mein Körper ist rein, soll niemand drauf trampeln, als Du allein!
LUDER LUDER
RAFFINIERTE HINGABE. Für Frauen, die keine Angst vor Tabus haben und mit Gummi und Leder ihren Meister zum Siedepunkt treiben!
CHIN-CHIN !!
AUCH JHR MANN IST EIN BESONDERES FRÜCHTCHEN! Inszenieren Sie Jhr eigenes TUTTI-FRUTTI für unvergeßliche Stunden vor der Mattscheibe!
...MÄNNERMAGAZIN: M WIE MUFFIG, MAULFAUL, MITTELMÄSSIG
VERFÜHREN, UM VERFÜHRT ZU WERDEN! Geizen Sie nicht mit Jhren Reizen, sondern bringen Sie Jhren body vorteilhaft zur Geltung, dann werden Sie unauslöschlichen Eindruck hinterlassen!
Franziska Becker '90

MISS ALTERSHEIM
1

FRIGITTE KREATIV –
Urlaubszeit – Zeit der weiblichen Kreativität. Vertrödeln Sie nicht die schönsten Wochen des Jahres durch Nichtstun! Für alle, die für den Sommer leichte Handarbeiten suchen: zwölf zauberhafte Tips, kinderleicht nachzumachen!
1 Naturdesign liegt im Trend!
Rustikale Frühstücksbrettchen handgesägt! Ganz kreativ, denn die Natur liefert nur den Rohstoff! 1 cm dicke Brettchen schneiden schleifen und mit Bienenwachs einreiben. fertig!
2 Bringen Sie Farbe in den grauen Alltag!
Und so wirds gemacht:
Ökologisch unbedenklichen Farbsud aus pürrierten Purpurschnecken kochen und alles färben, was farblos und langweilig ist.
(Anleitung S. 67)
3 Eine Idee setzt sich durch!
Herrlich bequemer Korbstuhl, selbstgeflochten aus eigenhändig gesammeltem Schilfrohr. Mit Patina bestrichen, stellt er jedes Erbstück in den Schatten!
4 Dieser Vorschlag wird Sie entflammen!
Etwas Geduld brauchen Sie schon, um dieses formschöne Sofa aus 537 396 Streich holzschachteln zusammen zu kleben, Fangen Sie also rechtzeitig damit an. Dami Sie im Alter darauf ruhen können. (Anl. S. 67
5 Rezepte aus der Kräuter-Küche!
Brennen Sie Ihren Fusel selber! Von Generation zu Generation sind diese uralten Grundrezepte weitergereicht worden. Natürlich können Sie kreativ abwandeln! (Rezept: S. 68)
6 Das einfache Leben!
LUITGARD
FRIEDEGARD
IRMINGARD
Reizende Freizeitschuhe in südländischem Flair, aus Gemüsekonserven und Fischdosen leicht hergestellt. Das lustige Klappern wird auch den Kleinen Spaß machen. Und für Sie selbst fallen ein paar Schmuckstücke ab. (Anl. S. 6

VON UNSERER KREATIEF-REDAKTÖRIN SIEGLINDE STAUB-WEDEL.
7 Wem die Stunde schlägt!
Für Fortgeschrittene ist diese aus Beton geschnittene, unverwüstliche Kuckucksuhr! Aber die Mühe lohnt sich, denn an diesem dekorativen Stück werden Sie lange Freude haben! (Anl. S. 68)
8 Scherbengericht!
GIPS
Entzückend ist das neudekorierte Bad im Patch-Work-Look! Einfach die Scherben (Porzellan, Spie-gel- oder Brillenglas), die beim Ehestreit anfal-len, in weichen Gips einarbeiten und trocknen lassen. Eine scharfe Idee! (Anl. S. 69)
9 Tapetenwechsel!
Bedrucken Sie Ihre aus selbstangebautem Papyros hergestellten Tapeten einmal mit einem ganz individuellen Muster. (Anl. S. 69)
10 Souvenir ans Mittelmeer!
Hinreißend diese griechische Muschel-lampe aus dem Material, das Sie im Urlaub selbst gesammelt haben! (Anl. S. 70)
11 Das gibts nicht zu kaufen!
Unter dieser bezauberden Tagesdecke (8m x 8m), die mit 971325 Blümchen im Platt- und Krumpelstich bestickt wird, blüht selbst ein Oldtimer wieder auf. (Stickmuster 1:1 S. 65.)
12 Brennende Liebe.
Um diesen praktischen Aktenkoffer zu schnitzen, sollten Sie Ihren Urlaub zu Hause nützen. Mit etwas Geschicklichkeit können Sie Ihrem Liebsten, wenn er aus den Ferien kommt, ein ganz persönliches Geschenk machen. (Anleitung S. 100).

Im Grunde brauch ich nicht viel! So ein einfacher Bauernhof im Mecklenburgischen mit Wiese und Apfelbäumen, und morgens selbstgebakkenes Brot, da wär' ich schon zufrieden...
AMBIENTE
DONNA
HARPERS

Ich weiß garnicht, was die Emanzen immer lamentieren: es gibt doch genug Frauen in gehobenen Positionen!
Franziska Becker '88

SISTERHOOD

Du, ich hab' deine Ausstellung bei der GEDOK geseh'n! Gaanz, gaanz toll, du! Echt!
Ich sag Euch: Grauenvoll!! Die eignet sich zur Malerin wie der Igel zur Puderquaste!...
..na, wie wär's mit uns beiden? Ich hab gehört, daß Du 'ne sehr ausdauernde Masseuse bist, vor allem unter der Dusche...
Oh, fuck!! Meine Ex hat wieder gequatscht!!...
FRAUEN-SAUNA
Du wirst doch wohl nicht zur Eröffnung von dem Laden gehen! Also die Simone ist doch mit dem früheren Freund von Moni zusammen! WIR boykottieren den Schuppen!!
POSTKARTEN & PAPER-SHOP
Scheiße!! Die haben mir Buttersäure in's Auto gekippt!! Das war bestimmt die Rigida-Fraktion, die g'rade aus der Druckerei ausgestiegen ist!!...
Ich krieg noch zwanzig Pfennig Wechselgeld!!
Blöde Geizzippen!! Zuzeln den ganzen Abend an einem Glas Wasser und geben noch nichma 'n Tip! Mit Weibern kannste doch nix losmachen, ey!...
Wir möchten jetzt hier gerne mal 'ne Stellungnahme, warum du in dem bürgerlichen Scheißblatt 'n Interview gegeben hast! Wir geben dir Gelegenheit zur öffentlichen Selbstkritik!

S POWERFUL
Träum ich, oder spinn ich?!! Das ist doch die... Anita!!.. Gestern hat sie mich nachts noch angerufen, die übliche Heularie! Ich hab bis VIER bei ihr gehockt und Händchen gehalten und mußte mir den ganzen Beziehungstrennungsscheiß anhören, und heute rennt se mit dem Arsch wieder rum!!! ..
Nee, du! Ich zieh meine Arbeiten zurück. Nur Frauen?! Ich habs nicht nötig, in so nem Getto auszustellen. Ich bin emanzipiert! Aber ich hab nix gegen Männer!!
Vein, die Bewerbungen von den Frauen können sie gleich aus-ortieren, Frollein Betke! Das oringt nur Fehltage, Mutter-chaftsvakanzen und Liebelei am Arbeitsplatz!!
So!! Wir wollten uns mal mit dir über die Gelder unterhalten, die du mit deinen Scheißbüchern auf dem Rücken der Bewegung gescheffelt hast!!..
Also, das unterdrückt uns total, daß du hier immer Vorschläge einbringst und von deinen Erfahrungen rumsülzt. Entweder du hältst dich zurück bei unserem "Treff schreibender Frauen" oder du bleibst ganz weg!..
Ich raste aus!! Diese blöde Kuh tratscht überall rum, daß mein Mann scharf auf sie wär?!! Die weiß doch genau, daß sie lügt!!..
Mensch, das darfst du nicht so eng sehn! Die hat 'ne schwierige Mutterbeziehung und Mumps gehabt, da muß man Verständnis haben! Aber sonst ist sie 'ne ganz treue Freundin!

the witch-bones

Ey, mach mal deine Glotzerchen auf, Luise: das Mädel fährt ja'n wassergekühlten Einzylinder Viertakter mit obenliegender Nockenwelle! Sicher 'n Verdichtungsverhältnis von 10 zu 1! Wahnsinn! Kickstarter und O-Ring-Kette, is' ja irre!!...
Was hast du gesagt?...

DER LETZTE

Mensch, Gisela, schau bloß mal, was für lustige Klamotten! Ich will auch was Flottes, sonst fühlt man sich ja wie der letzte Tuffi in den alten Plünnen!..
Guck mal, die Teile sind doch ganz pfiffig! Komm, wir geh'n mal rein und lassen uns was zeigen!!
Design
Ich hätt' gern so'n Kleid wie das im Fenster, wenn's geht in Schwarz!!...
Tristesse ist out! Die Designer-Botschaft ist multicolor und Transparenz!
Da brauchen Sie garnicht zu schauen, das paßt eh nicht!!
Ich kann doch mal probieren. Irgendwas muß doch dabei sein!!
Wie kommt man bloß in die Dinger rein ohne Schuhlöffel!
Das gibts doch nicht! Das sind doch Klamotten für Kinder oder Magersüchtige! Wer soll sich denn so'n Fummel leisten, wenn nicht wir berufstätigen Frauen?
Ich sag's doch! Body-Line ist ein Must!

SCHREi

Aber es gibt doch bestimmt auch Designer, die für FrauenKörper entwerfen, nicht nur für solche Mädelchenfiguren!
Wir führen die fünf Designer der Welt! Und nicht solche, die sich bloß so nennen!!
Bin ich bescheuert, mich von so'ner blöden Hungerharke so behandeln zu lassen?!! Der Ziege tret ich in die Eierstöcke! Was glaubt die eigentlich, wer die ist?!! Ne dämliche Verkäuferin, Fummel-Schnepfe
Mensch, jetzt mach doch nicht so'n Terz!
Denen werd' ich's zeigen! Ich verlange Respekt! Bin schließlich 'ne schwerschuftende Frau, die sich nicht von nem Kerl aushalten läßt!! Komm mit! Dann Kauf ich wenigstens ein Zubehör!...
Accessoires
Designer-Schmuck-Hüte-Handschuhe alles Unikate
Ich möchte die schwarze Mütze da im Fenster! Aber bitte speedy! Ich hab' meine Zeit nicht gestohlen!
Ich zeig Ihnen gern noch'n paar andere Modelle!
Sparen Sie sich die Mühe! Ich weiß schon selber was ich will!!
Was willste denn mit der Karnevalsmütze?!! Du trägst doch nie Hüte!!
Na und, dann fang ich eben jetzt damit an!! Außerdem kann ich's immer noch als Nistkasten auf'm Balkon verwenden!
Ich such mir'n andren Job. Den ganzen Tag diese hysterischen Klimakteriumskühe, das macht mich fertig!
Franziska Becker '90

CHRISTA BEINSTEIN
TITTEN-DOMINANZ.
im "PELZE", Berlin

Ich find's beschissen, wenn hier Weiber mitgebracht werden! Das stört die Konzentration!...

Ich vertrag die Hitze ja garnicht, aber es soll halt entschlak-ken!...
Ich hab gestern mit Udo den G-Punkt entdeckt!! Es war irre!
Wasndas?! Ich hab noch nicht mal den Höhepunkt entdeckt!
Sch ab Bei zu
Meinen Al-ten hab ich jetzt beim Kegeln angemeldet, dann hab ich noch 'nen Abend für mich!
Wer ganz immer 'n men hätte 'ne Weltr ma
Darf ich Sie ein-cremen?
OHM OHM

Jetzt mach endlich das Gedudel leiser, das nervt!!
Frigitte-Diät, Atkins-Diät, Mayo-Diät, Vollkorn-Diät, Schlemmer-Diät, Eier-Diät, Null-Diät ... hab' ich alle schon durch! ...
Immer muß ich zuerst den Sportteil lesen! ...
Ich hab ein ganz süßes Strapskorselett bei C&A gekauft ...
.. Eintausend dreihundertfünf-und zwanzig ..
Die Jil-Sander-Aktien sind gefallen! ..
Ich hab mich in meine Chefin verliebt, aber die sieht nur die Sekretärin in mir! ..

FÜR IMMER JUNG!!
Endlich! Sie müssen nicht so alt aussehen, wie Sie sich
fühlen! Der Forschung ist der bedeutende Durchbruch gelungen, völlig neuartige Wirkstoffe zu entwickeln, die den Alterungsprozeß entschieden verlangsamen!
Eine neue Generation von Liposomen,
Hier ein Blick in das Elektronen-Mikroskop
extrem kleinen Hohlkörperchen, die in ihrer Struktur jener Ihres Gehirns sehr ähnlich sind, bewirkt die natürliche Straffung.
Ein Meilenstein in der Kosmetik! Mit nur einigen aufeinander abgestimmten Präparaten
STOP TIME
STOP AGE
ANTI-TIME-PRINCIPLE
erreichen Sie eine Glättung und Festigung. Ihre Haut liftet sich selbst! (Biological-face-lifting).
So wirksam war Hautpflege noch nie!
Für ein optimales Ergebnis müssen Sie nur auf eine gesunde Lebensweise, wie gute Verdauung und viel Schlaf achten!!
zur Erhaltung Ihrer Biocontour
müssen Sie sich auch vor einem Übermaß an ultravioletten Strahlen schützen! Auch sollten Sie Streß vermeiden sowie jegliche Gesichtsmimik, um das Eingraben von Fältchen und Runzeln zu verhindern!
Mit wenig Aufwand können Sie durch unterstützende Maßnahmen die interzelluläre Kommunikation stimulieren,
und die biologischen Hautzellen in Richtung Zellregeneration reaktivieren.
Der Sieg der Forschung über die Zeit!
Rück mal, Mutti, ich muß an die Kotletts!
TIEFGEFRIERER
BOSCH
Durch intensive Refreshing-Treatments bleibt die Spannkraft Ihrer Gesichtshaut auf Jahre erhalten.

Die neue Dimension in der Faltenbekämpfung!

Was heißt hier beim „Aussteigen helfen"?! Prostitution ist 'n Dienstleistungsgewerbe wie jedes andere auch! Deshalb brauchen wir auch noch 'ne Planstelle, um als Sozialarbeiterinnen bessere conditions zu haben..
HETÄRA HURENBERATUNG
Dr. med.
SPORT-MEDIZIN

MEIN SCHÖNSTER SP
HERZLICH WILLKOMMEN ZUM PARTEITAG DER SPD
SPD-PARTEITAG MÜNSTER - NRW 30.8.88 - 2.9.88
Liebes Tagebuch!! Heute durfte ich als Besucherin auf den SPD-Parteitag. Quotenregelung, Du weißt schon!!! Als ich das Plakat sah, dachte ich, ich wäre auf'm Kartoffelkongress. Es war aber doch die SPD!
HERR HELLWIG BITTE FR. MÖBIUS ANRUFEN
PRESSE
Der Vorstand saß gaanz weit weg. Schade, dabei hatte ich extra meine Agfa-Klack mitgebracht. Da habe ich halt den Ernst Dieter Lueg geschossen (Als Ersatz für Annemarie Renger). Das ist doch besser als nix, gell?
Es geht doch nicht darum, daß sich Frauen gegen Männer durchsetzen! Dazu haben wir sie doch viel zu gerne!
Du sagst es, Anke!
Einmal war ich ganz nah dran: leider hatten sie keine Zeit, mir etwas in mein Poesiealbum zu schreiben. Später hat mir doch noch der Apel was reingeschrieben. Ich kanns bloß nicht lesen. Sieht aus, als wäre es seine Telefonnummer!??!
HERREN
DANKE
schon zwei Verstopfungen heute
Auf dem Klo war die Quotenregelung schon total verwirklicht. Stell Dir vor, in der Kabine neben m
saß Witschoreck-Zoll. So vermischt ist das hier.
Da merkt man frau (!) doch gleich das Volksnahe!
JOHANNES RAU SPEZIALITÄT
»GREVENER-JOHANNES-WAFFEL«
Selbsthilfe im Aufwind!
JUSOS BREBACH-FECHINGEN
ARBEITSGRUPPE SENIOREN MÜNSTER
GLEICHE BÜRDE BRICHT NIEMAND DEN RÜCKEN
FÜGE DICH DEN SITTEN WO IMMER DU BIST
125 JAHRE SPD
Dann war ich auf der Ausstellung: lebendiger Ortverein, wo der Vogel gesagt hatte, daß man da sieht, wie toll es an der Basis ist.
OV - ROTT am INN
AKTION FROSCHKÖNIG
TEMPO 30
OV-BRAMSCHE
OV - BÜRSTADT
QUARK!
Es war wie auf dem Weihnachtsbazar, nur vie
größer. Aber da gehe ich ja auch nicht gerne hi
Die vielen Topflappen empfinde ich immer als seelische Grausamkeit.

PARTEITAG!
Franziska BECKER
ASF - PULHEIM
SPD - SOUVENIRS
MADE IN PAPAN
Dann habe ich schnell noch ein Würstchen gegessen, bevor die Quoten-Debatte losging (da gehts den Männern auch ans Würstchen, hi hi hi... aber nicht in echt, schade, gell?).
RETTET MICH
WIR MÜSSEN UMKEHREN
LIEBE MAMA! UNTER DEINEM HERZEN BIN ICH JA SO LIEB GEBORGEN! DEIN KIND
BEFREIT DEUTSCHLAND VON DEN BABYTÖTUNGEN!
Die Abtreibungsgegner demonstrieren doch bloß, weil sie selber so eklig sind, daß sie keiner Frau 'n Kind machen dürfen. Zu dumm, daß ich mit meinem Karate-Kurs grad erst angefangen habe!! Aber in drei Jahren.... wehe Euch!
Findst du die Quotierung auch so'n Scheiß? Ist doch das Letzte!
Aber das geht gleich durch! Da traut sich keiner, dagegen zu sprechen!
Ich bin fassungslos, daß man das so gegen das Grundgesetz durchpeitscht!
Gleich wird mit dem Schwanz abgestimmt!
Vorne haben die stundenlang gequatscht, und die Männer haben alle rumgestänkert, weil sie keine Prozente abgeben wollen. Die sollen sich doch mit Promille begnügen – kicher, kicher!
HER MIT DEN QUOTEN
HEBT DIE PFOTEN FÜR DIE QUOTEN
QUOTEN-REGELUNG JETZT!
EIN HISTORISCHER TAG FÜR DIE SPD
Hernach gab es einen Umzug von Schwarzwaldmadeln. Das waren aber Suffragetten, hat der Ordner gesagt. Und der muß es wissen!
Als die Abstimmung fertig war (genau wie ich!), brachen die Frauen in (Freuden) Tränen aus, aber die Männer bekamen lila Taschentücher. Das versteh' eine!!!
HELFT DEN MÜTTERN GEGEN DEN ABTREIBUNGS DRUCK DER MÄNNER
ABTREIBUN IST EINE TOTSÜNDE
WIR FASSEN HEISSE EISEN AN SPD
125 JAHRE SPD
Draußen standen noch mehr Kirchenmäuse! Dabei haben die drinnen keinmal den § 218 erwähnt!!!!
Dem Leihbischhof habe ich eine mit dem SPD-Grill-Handschuh geschmiert.
Aber alles in allem war es doch herrlich/dämlich!
Na, dann gute Nacht!! Deine Hermine

Wetten, daß die Alte gleich Fotos von ihren dämlichen Enkeln rumzeigt!...
Franziska Becker

JOUR FIX DER KARRIERE-FRAUEN
Kommen wir zum ersten Tagesordnungspunkt, meine Damen: Bericht der Kassenwartin und Abstimmung über die Aktivitäten zum Einjährigen: Kleine Schneckenschlemmerei im Elsaß oder Austernschmaus in Brüssel!?..
oder zum Lido nach Paris!..

WEB-KURSE INDIANISCHE TEPPICHE bei MAGDA MÜLLER
MAGIE & EKSTASE WORKSHOP MIT ISOLDE TRÜMMER-AUFBAU FRAUENKULTURZENTRUM, PIPINSTR. 13
BAUCHTANZ
KNETEN UND FORMEN WEIBLICHE KUNST KURSE
FOTOAUSSTELLUNG miriam Meier
Ich sagte: hier gibts keinen Whisky!! Nur Malzbier oder Früchtetee!!
Die M hat sich wo auf'm Weg Häkel Kurs verirrt!!...
Harald sagt, ich bin frigide!...
Die M Sind to angebra ey!!
Ich hab's echt dicke, daß du jedesmal im Sub mit 'ner dämlichen Blondine flirtest!
Du, das ist doch bloß 'ne Projektion von dir!
Ich finds unheimlich gut, daß ihr eure Konflikte so offen austragt!
Ich bin ja so gespannt, ob ich 'n Kind von Olaf oder Udo Krieg!...

...Stoß die Tampax-Aktien ab und Kauf Shell-Papiere! Alles Klar?!...
TELEFON BUCH
Ich such noch 'ne charmante Reisebegleitung für'n Matriarchats-trip auf die Malediven!!...
Ich find's so beschissen, daß hier nur noch die KonsumKiste läuft!...
TEE
Könnt ihr mal das Grufti-Gedudel von der Faithful abstellen und 'ne richtige Musik auflegen!!?
Du, die Köchin steht in 'ner ungünstigen Mondphase!..
MUTTER KUCHEN
Seit ich stille, hab ich 'ne total positive Beziehung zu meinen Brüsten!
Wenn die MutterKühe jetzt ihre Jungmacker mitbringen, boykottier' ich den Laden!!...
WENN FRAUEN ZU SEHR LIEBEN

DIE ENTSTEHUNG

DER KUNST

SIE STUDIERTEN ANATOMIE UND WURDEN ZU BILDHAUERINNEN.
DIE ERFINDUNG DER MUSIK WAR LEICHT, NUR MIT DEN MELODIEN HAPERTE ES NOCH ETWAS...
IN DEN PAARUNGSZEITEN ZOGEN SIE SICH IN DIE VON ARCHITEKTINNEN KREIRTEN SCHNECKENAPPARTEMENTS ZURÜCK.
SCHLIESSLICH KAMEN DIE HAAR= STYLISTINNEN IN MODE. FRAU MACHTE MEHR AUS IHREM TYP!!
NACH DEM GENUSS EINIGER SCHÄLCHEN GEGORENER KOKOSMILCH TANZTEN SIE AUF GLÜHENDEN KOHLEN UND ERFANDEN DAS „DIRTY DANCING."
UM IHRE HELDINNENTATEN DER NACHWELT ÜBERLIEFERN ZU KÖNNEN, ERFANDEN SIE SCHRIFT UND DICHTUNG. FORSCHERINNEN ARBEITEN NOCH HEUTE AN DER ENTZIFFERUNG.

Aber Sie sehen doch selbst, daß wir weiß Gott genug Frauen im Museum haben !!..

Is ja gebongt, wenn de dich selbständig machst, Mami! Aber ausgerechnet in Windel-Leasing ?!! Man traut sich garnicht mehr, Freundinnen mitzuschleppen, weils zu hause immer nach Babyscheiße stinkt!!..
WINDEL EXPRESS

DIE UMWELT

Hallöchen, Schwesterherz! Schön, dich mal wieder ne Woche zu besuchen!!... Sag mal, du kaufst doch nicht etwa noch im Supermarkt?! Das ist ja der flammende Wahnsinn! Du als Mutter!! Willste deinen Kindern den Krebs anfüttern??!!...
SUPER SPAR
MILCH
Bei dem Umweltgift ist biodynamische Vollwertkost das einzige, womit du den Kleinen noch eine reale Chance gibst, das Grundschulalter zu erreichen!...
KOSMETIK
Ihr seid ja schon chemisch total verseucht! Kein Wunder, daß es da Umstellungsschwierigkeiten auf Naturpflegemittel gibt!! Darf garnicht dran denken, was für Unmengen an unschuldigen Tieren du schon auf dem Gewissen hast!...
Daß du auch noch so einer von den Flüsse Killern bist, enttäuscht mich echt. Mit Naturprodukten brauchste doch nur 'n bißchen mehr Zeit und Energie. Das kannste ja wohl noch aufbringen!
WC-Ente
Das ganze Plastikspielzeug muß weg, aber subito! Mit 'nem Juteschnuller kriegt 'n Kind doch gleich 'n ganz andres feeling zur Natur. Oder willste, daß die 'n gestörtes Karma kriegen und beim Psychiater auf der Couch landen?...
Tütenmilch und Joghurtbecher sind aber jetzt tabu, Liebes! Du vergrößerst sonst das Ozonloch durch die Müllverbrennung so, daß auf den Kindern Melanome statt Pubertätspickel wuchern!

BERATERIN

Spürt ihr's, wie eure Haut mit der ungebleich-
en Schafwollunterwäsche aus der Eifel wie-
er durchatmen kann?!! Und mit der be-
uemen Naturfaserkleidung aus meinem
infachen Grundschnitt habt ihr optimale
Bewegungsfreiheit und seid unabhängig
on jeder fashion...
Du, die Chromstühle müssen sofort in den Keller! Die können das elektromagnetische Körperfeld horrormäßig in Richtung Krankheit beeinflussen! Außerdem mußte zugeben, daß die Naturmöbel vom ökologischen Schreinerinnenkollektiv gerade durch ihre Schlichtheit bestechen!...
Um Gotteswillen! Bei Kopfweh bloß kein
spirin nehmen!! Damit unterstützt ihr
oll die Großkonzerne, Apartheid und
Elend in der Dritten Welt!! Einfache
Naturheilmittel tun's doch auch!...
Euern Fernseher hab' ich auf'n Sperrmüll gehaun! Du solltest dir echt die Zeit nehmen, die Phantasie deiner Kinder selber anzuregen!...
UHU
So ein emotional-spontaner Bezug zur Nahrungsmittelherstellung gibt doch erst wahre Befriedigung! Spürst du nicht auch schon neue Energie in dir keimen?..
Demeter Gerste
Demeter Hirse
Rapunzel Weizen ungemahlen
GRÜNKERN
SUOMI
JAPANISCHE MEERESALGEN
VOLLWERTKOST
VITAMINE
RAPUNZEL
Also, die Woche hat mir jetzt unheimlich viel gegeben. Ich hab'n richtig gutes Gefühl, wenn ich morgen wegfahr, daß ihr so'n eigenen Zugang zu'nem richtigen Öko- und Politbewußtsein gekriegt habt!..
BIO HEFE
Franziska Becker

BATGIRL
Ich bin BATGIRL!
RÜLPS
Der gute alte Batman ist doch schon lange ein alter, abgelaberter Sack! Ich, seine Nichte, habe längst das Kommando übernommen!
Sieh nur! Es ist uns gelungen, einen erwachsenen Mann in ein Foeti zurückzuverwandeln!
Wow!
Während Onkelchen von vergangenen Sado-Maso-Spielen träumt, studieren meine Batgefährtin und ich in unserem geheimen Labor, um unsere Feinde auszuschalten..
Schätze, Sie brauchen Ihre Arbeitskleidung heute noch, Ladies!
Nur unsere treue Haushälterin Batty kennt unser Geheimnis! Selten können wir uns dem Müßiggang hingeben, da frau jederzeit unsere Hilfe anfordern kann.
ZOSH
Dann stürzen wir in unsere unterirdische Bathöhle und jagen mit düsengetriebenen Batmobil zum Ort des Verbrechens.
WHOMM!!
ZOSH
Batgirl
Keine Ecke in der Stadt kann so dunkel sein, daß wir den miesen Übeltäter nicht erwischen! Uns entkommt keiner!!
Plötzlich zeichnet ein riesiger Scheinwerfer das Batsignal in den nächtlichen Himmel!
Diesmal nehmen wir das Batbike, um zum Einsatz zu rasen!

GREIFT EIN!

Nimm das da, Motherfucker!
Ihr kamt zur rechten Zeit!
ZOING
Miese Chauvis haben sich in den Lesbensub geschlichen, um Randale zu machen. Sie haben die Rechnung ohne Batgirl und Robina gemacht!
CHRASH
Noch lange ist nicht Feierabend, denn in der dunklen Stadt gellt ein Hilferuf aus finsterem Gebüsch!...
Halt, niederträchtige Schurkin!
RADOMM
WÜRG
In letzter Minute können wir im Altenpflegeheim den heimtückischen Anschlag einer überlasteten Pflegerin vereiteln.
ZOING
ZOING
TELEFON BUCH
Und während Robina einem Telefonwichser das Handwerk legt...
REINIGUNG
Bin kurz vorbeigefledert, um dir einen Kuß zu mausen, schönes Kind!
...hole ich schnell im Vorübergeh'n meine Batwäsche aus der Reinigung.
TIERVERSUCHSANSTALT
ZUTRITT STRENG VERBOTEN
Zuletzt, gegen Morgen, als die ganze Stadt in tiefem Schlummer liegt, landen wir mittels Batschrauber einen lange vorbereiteten großen Coup gegen die Industrie.
Endlich ist unser Nachtwerk vollbracht! Wir können zu Bat gehen, um neue Kräfte für unseren Kampf gegen das Böse zu sammeln!

Was geht bei Euch im Kopf vor, wenn ihr mit eurem Partner im Bett seid?

Franziska Becker '89

Hallo, Empfang?!
Schicken Sie bitte was
Frisches auf Zimmer 27!
Bei diesem Modell ist
das Verfallsdatum
ja längst abge-
laufen!!...
FRAUEN
HOTEL
MINI BAR

Die Dessous bitte mit der Handwäsche, Asisa!!...

MEGA-IN TYPEN

Franziska Becker 86

Franziska Becker.

Franziska Becker.

Franziska Becker.

LAMBADA
CLEAN FUCKIN
LAMBADA
KASSE
DIRTY DANCING
Endlich ist Schluß mit Jsolation und Distanz auf deutschen Tanzflächen. LAMBADA ist die ultimative Antwort auf eine Zeit voller Werteverlust.
Neon und Chrom sind out! Clubs mit Redlight-District-Athmosphäre sind die definitiven Locations, wo Sie Jhr weibliches Selbstwertgefühl voll ausloten können.
linker Fuß schrägseitwärts rückwärts, Knie gebeugt rechter Fuß aufschließen. Rechter Fuß am Platz belasten, linker Fuß einwärts, halbe Drehung rechts linksherum kreisen, Becken kreist nach rechts und zurück, Knie beugen, Oberkörper zurücknehmen unter den Partner schieben, Hipp-Roll wiederholen. Quick, Quick, Slow!
Der Boy soll führen, das Girl macht sich ganz weich in seinem Arm!
LAMBADA liegt uns genetisch im Blut. Entdecken auch Sie, wie einfach und natürlich dieser Tanz deshalb zu erlernen ist.
Fräulein Veronika!! Chlodwig is mir schon wieder an die Pampers gegangen!
Und kreisen und beugen und...
Je früher auch schon Jhre Kleinen damit anfangen, desto leichter finden sie später in ihren ganz normalen sensitiv-sinnvollen Biorythmus.
Aber auch für Sie ist es nicht zu spät! Üben Sie möglichst oft an einem Partnerähnlichen Objekt, und das LAMBADA-feeling wird Jhnen schnell in Fleisch und Blut übergehen.

MACKERISTA.

Sogar für die überlastete Hausfrau und Mutter ist es einfach, in ihrer häuslichen Umgebung den nötigen Hüftschwung zu erlernen.
Das wenig aufwendige Outfit verleiht Jhnen zusätzlich das notwendige Körperfeeling, das Sie unwiderstehlich zur Hingabe bereit macht.
Oh, Herr Direktor, Sie sind heut' so feurig!!..
Schon nach dem Grundkurs wird jede Party und jedes Betriebsfest auch für Sie zum sensuellen Knüller!
Kommste noch mit auf meine Bude?
Danke, für mich hat sich die Sache bereits erledigt...
Entdecken Sie die reinigende Kraft dieses Tanzes und die erotische Potenz Jhres Knies.
LAMBADA TOTAL INFERNAL
SEX NON STOP
SEX
FRANZÖSISCH 70, KABINE 100, VERKEHR 120, LAMBADA 150...
SEX
BAR
So schafft LAMBADA ein völlig neues Wir-Gefühl in einer kontaktarmen Welt und läßt unsere zwischenmenschliche Kommunikation wieder berechenbar und wertvoll werden.

Aus der Fälscherwerkstatt

Zahlreiche radiologische Untersuchungen der feministischen Kunsthistorik ließen jetzt erst

Lucrecia Cranach, die Ältere, malte 1506 mit drastischer Deutlichkeit die Rache von drei jungen Frauen, die, von zwei berittenen "Kavalieren" beim Baden überrascht, die Belästiger ihrer Kleidung berauben und dem öffentlichen Gespött aussetzen.

Ihr Bruder Lucas übermalte nach ihrem Tod dieses kraftvolle Bild und verwässerte die gesellschaftskritische Botschaft zu einer matten Szene mit antikisierendem Inhalt. (Urteil des Paris.)

El Greca gestaltete 1597 diese liebevolle Szene einer treusorgenden Ehefrau, die ihrem vergeßlichen Ehemann, der auf Reisen geht, zu Pferd die Kleider hinterherbringt!

El Greco, der Bruder, machte daraus eine christliche Rührszene vom Hl. Martin, die bei weitem nicht an die Komplexität des Originals heranreicht.

des Patriarchats. 7 Beispiele, die für Hunderte stehn!

unzählige feminine Meisterinnenwerke ans Licht der Wahrheit kommen!

Francisca Goya malte 1787 dieses psychologische Meisterwerk der Gräfin Cabarrús, die für ihr furchtloses Auftreten stadtbekannt war und in ihrer Ehe die Hosen anhatte.

Wie einfallslos dagegen die Fälschung des Bruders Goya, die nur noch den Grafen alleine darstellt, und Thematik wie Bildaufbau völlig versimpelt.

Auch das Gemälde von Van Goghs Schwester (1882), das das Stutzen des Gattenbarts durch Madame Roulin zeigt, wurde jetzt erst entdeckt. Es wirft auch ein ganz neues Licht auf die angebliche Selbstverstümmelung ihres Bruders.

In dessen plumper Fälschung sehen wir das weibliche Element gänzlich eliminiert. Ein schleichtes, dumpfes Mannsbild ist übriggeblieben.

→

Dies war das Schlüsselwerk der hochbegabten Georgette de La Tour! Mit großem Einfühlungsvermögen werden hier die drei Chirurginnen kurz vor dem urologischen Eingriff gezeigt, während der Patient, ängstlich halb zur Seite gewandt, die Kosten für die Operation begleicht. (1624)

Bruder George de La Tour machte aus Georgettes Bild die völlig banale Situation eines Zechgelages, bei dem das männliche Element durch den beabsichtigten Betrug wieder das Geschehen voll in der Hand hat.

Wunderbar das einfühlsame Gemälde der Maya de Goya, die hier die Sinnenfreude und Zärtlichkeit einer Frauenbeziehung ohne Scheu (in einem Selbstporträt!) darstellt. (1807)

Vetter Goya übermalte hemmungslos die Gefährtin und fabrizierte so aus seiner Cousine eine sich dem männlichen Betrachter anbietende Nackte.

Hier malte Paulette Cezanne eine besonders intressante Variante des so komplexen Themas der Mutter-Tochter-Beziehung. Ein schwelender Macht-Ohnmacht-Konflikt, der in heimlicher Auflehnung gelöst wird. (1891)

Wie flach dagegen Pauls Fälschung, der diese brisante tiefenpsychologische Thematik in das abgedroschene männliche Genrebild der Skatspieler verwandelte!

Franziska Becker '89

Es ist doch immer angenehmer, ein Geschäft in ansprechender Umgebung abzuschließen, meine Damen!...
BUNDESKANZLERIN ZU KONSULTATIONEN IN SCHWEIZ
Franziska BECKER

EX UND FLOP

Wie iss'n das bei Dir? Seit ich solo bin, komm ich garnicht mehr klar. Ich hab mich so an ihn gewöhnt, kann garnicht mehr allein sein!...
...biste verrückt?!! Sei doch froh, daß du den Trottel los bist!
...ja aber immerhin: drei Jahre mit Florian! Niemand kennt mich so wie er!...
...ich bin froh, daß meine Beziehung den Wind geschoss hab. Endlich K ich wieder tu und lasse was ich will
...aber ich werd nie mehr jemand finden! Ich werd immer allein bleiben!!...
Jetzt hör aber auf! Was hast du immer gemeckert! Denk bloß mal an die rumliegenden Socken, an die Barthaare jeden Morgen im Waschbecken!...
...stimmt ja.. im Haushalt hat er keinen Finger gerührt! Nicht einmal das Frühstück gemacht, geschweige denn das Klo geputzt...
...na bitte! Und bei immer, wenn ich i der Küche fertig wa die scheinheilige Fra Kann i was helfe
Morgenmuffel und maulfaul! Und wenner unterwegs war, nie eine einzige Karte geschrieben!...
...bei mir immer Sich-hängenlassen und olle Muffklamotten, aber kaum ausm Haus, die schikken Hosen und charming und geistreich!...
...und dann die Ferien! Null Kompromisse! Immer ans Meer zum Surfen! Dabei hab ich ne Sandallergie!...
...dafür hab ich mich immer auf Fallschirmspringerkursen geödet Und stundenlang Tennis in der Glotz

und immer nur ern, Symphonien, d Wagner von früh s spät! Und sich ht einmal für meine ckplatten intressiert er mit zum Konzert latscht, wie ich bei ihm!...
...und bei mir? Jmmer nur Krimis und science fiction! Nie konntste mal über Politik reden, im Museum immer desintressiertes Gegähne!..
...sexuell war's auch nicht grad bombastisch! Nach der ersten Euphorie hat er mich mit demselben Jntresse betrachtet wie die JKea-Möbel. Und Null erotische Phanta-sie!!...
..na, das war das einzige, was bei uns geklappt hat. Aber das ist auf die Dauer auch nicht abend-füllend!
nd unfähig, Geschenke machen, sich was uszudenken. Jmmer ußte ich ihn drauf sto-ßen, was mir Spaß ma-en könnte! Wie der de Ring hier...
...HaHa! Bei mir je-den Geburtstag das gleiche Parfüm, und Mon Cherie!! Js doch ne Zumu-tung!...
..und immer hemmungslos mit meinen Freundinnen geflirtet!.. Sich nie für meine Kindheit intressiert! Der weiß eigentlich garnix von mir!...
...und Konflikt-unfähig! Windel-weich! Jch bin immer in Watte gesto-ßen!..
ee, du hast recht! Wie onnt ich mich nur so rtun? Wie konnt ich neine besten Jahre so vergeuden?!...
..jetzt wird erst mal auf die Sahne gehauh und das Leben genos-sen!
..warum bin ich bloß so zwangshetero?!! Ne Frau würd mich viel besser verstehn!...
...Biste bekloppt! Du hast doch grad gehört wie's bei mir und Patrizia gelaufen ist!...

...Und in den Sommerferien mach in 'nen Holzfäller-Kurs in Kanada...
Jedesmal das Geklammer und Gezeter, wenn ich mit meiner Honda-Dominator losbretter! Na, du kennst ja Weiber!...
...und ich den Ball abgefälscht und das Leder astrein ins Netz gedonnert!...
BORN TO BE WILD
Auf die bestandene Trucker-Fahrprüfung, Mausi

Ausgerechnet ich muß in der Praxis dauernd Abtreibungen machen!! Dabei gehn mir doch Heteras am Arsch vorbei!!
Aber, Bärli, jetzt schmoll doch nicht!
Du wußtest genau, daß ich um Elf die Garbo-Retro im TeVau sehen wollte!..
Ich eröffne ne Reflexzonenpraxis mit Menstruationsberatung auf Gomera...
Du glaubst wohl, ich schnall nicht, daß du hier einen auf Singel machst, um Aufrisse abzuschleppen!!..
Hätten wir lieber das Mond-Ritual in unsrer Frauenland Kommune mitgemacht...
Ich mach grad ne Umschulung in 'ner feministischen Schreinerei...
Aber ich war immer voll solidarisch!
Zieh Leine und geh zur Mutti, Kleiner!!
Franziska BECKER

MEINE
...schnell noch aufräumen, Abwasch machen und vorputzen! Was soll die Zugehfrau sonst von mir denken!...
Liebes Tagebuch! Heute zum 1. Mal eine Putzfrau! Bin ja eigentlich gegen Ausbeutung, aber... Komm' einfach zeitlich nicht mit Arbeit und Haushalt klar!
Wie lange dauerts noch?? Ich müßte noch dringend einen Artikel schreiben!...
Wenn ich was mache, dann gründlich!
Bin um ein Vermögen ärmer! Frau Stemmer forderte sofort kategorisch die Anschaffung modernster Haushaltstechnik.
Liebes Tagebuch! Heute wieder die Putze gekommen. Bin in's Café geflüchtet. Etliche Schnäpschen gekippt! Dicker Kopf – Konnte anschließend nicht mehr arbeiten.
..Ihr habt von den Amis Geld gekriegt und wir mußten schuften! Ihr habt Nyltesthemden und Jeans gehabt, wir nicht! Und daß jetzt nach der Vereinichung die Polen einfach immer noch die Supermärke belagern, das sollte man verbieten!...
Lb. Tgb.! Hab' ne Neue! Billig! Aus der DDR! Horror! Sollte mir eine aus'm Taubstummenheim holen! (Wo sind eigentlich Omas Kettchen und Ringe? Und der silberne Tortenhebe
..Oh, ich kann aber keine Naßarbeiten machen, ich hab ganz sensible Hände! Und Gummi vertrag ich nicht...
Lb. Tgebu.! Dieter! Abgebrochener Florist! Von Horst vermittelt. Kenne nach dem 1. Tag seine Mutter besser als mich selbst.
..ich Ihnen Spülmaschine zeigen? Zeitersparnis! Nur ein Knopf! Du verstehen? Drücken! Schneller! Gut! Nix kapito?..
ürr nürr
Liebes Tagebuch! Seit 2 Wochen Frau ~~Üts~~ Ütkmüll. Armes Luder! Schon 5 mal im Frauenhaus! Hier ist Frauensolidarität gefordert!!

PERLEN
Warum du trägst Kein Kopftuch ??!!
...mit Özay beim Frauenarzt, mit Eyshe
eim Wohnungsamt, mit Renan beim Schul-
ektor, mit Mutter Ützmyll auf der Asylbehör-
, auf dem Arbeitsamt, im Krankenhaus...
Lieb. Tageb.! Hab meine Ruhe wieder!
Neue Putze! Jobkraft. Sportstudentin, Trägerin
des schwarzen Karategürtels. Jedesmal der
Eisschrank leer. Anscheinend hoher Protein-Bedarf!
Hellblau beruhigt das NervenKostüm!
...Lb.Tb! Hab jetzt eine ehemalige
nnenarchitektin, Frau Trimmel-Tüllboock.
n punkto Wohngeschmack läßt sie nicht
it sich reden!
Könnten Sie eventuell mal eben...
Neu! Frau Maltschowicz aus Rumänien!
Kettenraucherin, füllt halbgeleerte Cognac-
flaschen mit Tee auf! Beschwert sich, daß
ich sie beim Ferngespräch unterbrach.
seit einer Woche putzt die Franziska die
chter meiner Freundin! Also, ich bin wirklich
lerant. Ich war schließlich auch mal jung!
er mit meinem guten Dior-Badesalz, das geht
zu weit!
Nee, Gundi, deine Empfehlung Kannste dir an den Hut stecken! Ich hab meine Wohnung zur Putz-freien Zone erklärt!
Liebes Tagebuch! Vorhin hat sich Mutti
für eine Woche angemeldet. Macht sich doch
immer gerne im Haushalt nützlich, die Gute...

... Giesbert, wechsle mal deine verpißten Unterhosen, wasch dir die Füße, und hör endlich auf, in der Badewanne Pornos zu lesen!!!
Scheiße, meine verstorbene Mutter!!

STERNSTUNDE

FRAUEN
Im Vertrauen, Isolde: Hab'n astreinen Posten für deine Tochter! Soll sich mal schnell bei uns in der Firma bewerben. Die Stelle wird proforma ausgeschrieben. Aber wir nehmen natürlich am liebsten 'ne Frau aus'm eignen Stall!...
...und kann sich, meine Damen, unser Unternehmen keine Männer auf Führungssesseln leisten! Männer, die durch Ejakulationen geschwächt sind oder durch Kinderaufzucht unkalkulierbare Faktoren werden!...
Dynamisch Fraulich in die Zukunft!
We are the winners of the World!!
Aus dem Weg, verdammte Sackträger!!
1. FC FRAUEN
Sie wissen genau, daß nur unberührte Jungmännchen eine Rolle im Passionsspiel übernehmen dürfen! Und zufällig ist mir bekannt, daß meine Tochter über Sie drübergestiegen ist!..
BERTA VON SUTTNER PREIS 1990
Und last not least möchte ich meinem lieben Gatten danken, der meine Manuskripte tippte und mir eine wertvolle Stütze war!..
JOUR FIXE DER MANAGERINNEN JEDEN 1. MITTWOCH IM MONAT
Hysterische Emanzeriche! Kann frau denn nirgendwo mehr vor diesen frustrierten Grauhosen sicher sein?

BÜNDE

MÜLLEIMER FREIHEIT
Mann, verpiß dich mit deinen Blümchentapeten! Wir nehmen keine Hängesäcke in unsere Gruppe auf!!..
Ich als Bundeskanzlerin werde dafür sorgen, daß der Wert der Vaterschaft wieder hochgehalten wird und der Mann sich wieder vollinhaltlich und aus tiefstem Wesen seiner Familie widmen kann!!
Frauen! Haaabt acht!! Aaaattackeee!!
Die Kirche dankt für euren selbstlosen, ehrenamtlichen Einsatz im Sozialdienst! Mutter Göttin im Himmel wird es euch lohnen...
MISTER PIMMEL 1990
..laßt schlenkern, boys!
6
5
Frau Professor, Sie haben Ihren Lippenstift im Dickdarm vergessen...
Halt's Maul!
Ich hab doch angeordnet: Nur Kameradinnen aus der Schlagenden Maidenschaft im chirurgischen OP!! Rrraus mit dem Gesocks!!!
Franziska BECKER '90

DEPRI - DAY
Das Leben ist doof! Wozu überhaupt aufstehn?
Ich verlier alle Haare...
Mein Busen hängt! Mein Hintern ist schlaff! Ich krieg jeden Tag neue Falten! Ich bin so unattraktiv!!
Niemand schreibt mir! Nur noch das Finanzamt...
Ich bin willensschwach! Ich kann mir noch nicht mal das Rauchen abgewöhnen!...
Ich hab' keine Kinder! Ich werd im Alter einsam sein!..
Ich bin unfähig, auf Dauer 'ne Beziehung aufzubauen!
Ich versteh die neue Musik nicht mehr!
ALGEBRA SUICIDE
THROWING MUSES
THE STONE ROSES
GIANT SAND
ELEMENT OF CRIME
Sinéad O'Connor
Concrete Blonde bloodletting
Ich kann keine einzige Fremdsprache richtig...
IGNAZIO SILONE
JAMES JOYCE
TOM WOLFE
BLAISE CENDRARS
Ich bin unkreativ! Ich kann mich nicht ausdrücken!
Ich krieg keine Anrufe mehr!
Sex sagt mir nix mehr! Ich bin frigide...
Ich kann nicht mal meditieren. Ich bin innerlich hohl!...
Ich mach Schluß!!
MEDIZIN
Scheiße! Ich brauch 'ne Brille!!
ABFÜHR PILLEN

Ostern mußt' ich mit meiner Mutter auf'n Heilkristallworkshop nach Kreta, Pfingsten auf'n Bauchtanzmarathon in die Toskana, letztes Wochenende zur Seidenmalerei in die Eifel und jetzt zum indianischen Schwitzzelt in's Sauerland!! Warum gibts nicht mal 'ne Eisdielenmeditation??

Ich muß noch schell auf meinem PC die Kindergarten-ferien, meinen neuen Fitneß-Center-Tag und den nächsten Menstruationstermin abspeichern, und dann noch meiner Putzfrau faxen, wann sie nächste Woche kommen soll!..

PODIUMSDISKUSSION DER REGISSEURINNEN NRW - FILMFEST
...also jetzt will ich als Moderatorin mal bewußt provokativ fragen: verbindet ihr vor dem realen Hintergrund bezüglich des Autorenfilms die Poesie mit einer Behauptungsstrategie oder ist das mehr so ein Reservoir, irgendwie?...
STÖCKL
ALEMAN
GOEHLER

JUNGBRUNNEN

FEMINISTISCHES

ALTERSHEIM

... und ich den Molotow-Cocktail genommen und rein in den Sex-Shop!! ....
Toll!
Sie hat wieder 'ne Neue als Opfer für ihre Dönnekes gefunden! Dabei saß sie 25 Jahre im Katasteramt, war Kassierein beim Zierfischverein und dazu noch SPD-Mitglied!
Der dritte Lyrikabend in einem Monat!! Wunder dich nicht, wenn ich einen Schwächeanfall markiere. Um Elf gibt's nämlich Agatha Christie in der Glotze!...
Und jetzt mein Gedichtzyklus: Letzte Häutungen!
Keine Müdigkeit vorschützen Mädels!! Das nächste Mal gehts um Selbstverteidigung um den Sitzplatz in öffentlichen Nahverkehr!
Weißt du noch wie schön es immer dienstags in der Müttergruppe war Karin?!
Ja! Und meine Laura hab' ich bis zum Abitur gestillt, gell Laura!!
Ich bring sie um!
Ja, wir haben unseren Töchtern unser Bestes gegeben!
Der Kater muß aus dem Haus, Alice!
Ich hab ihn als Katze erzogen!! Pfoten weg, du miese Biologistin!
Wozu war ich zweimal in Südamerika auf dem Schamanen-Workshop!! Das wär' doch gelacht, wenn ich die blöde Querflöte nebenan nicht ins Krankenzimmer bringen könnte!
Und denk an meine Nachbarin! Sie schnarcht!
Franziska ist schon ziemlich verkalkt und leidet an manischem Kritzeltrieb! Wir müssen sie von Zeit zu Zeit betäuben, um den ganzen Mist wegzuräumen!...
Im Namen der Lilith, der Eva und der Heiligen Geistin.
Verpißt euch, ihr Weihrauchschnepfen! Ich will auch von feministischen Theologinnen keine letzte Ölung!!
Franziska Becker '90

Komm, wir gehn 'n Burger essen, Mutti ist ja heute wieder mal sphärisch total ausgeklinkt!!..
NEW AGE Kosmische Vibrationen
DER KLANG DER KOSMISCHEN HARMONIE
Franziska Becker '88

Franziska Beckers Cartoons im Taschenbuch bei dtv:

dtv 11111 / DM 9,80

Wessen Händen ist der alternative Haushalt anvertraut? Den weiblichen natürlich! Nun muß frau nur noch einem Mannsbild in die Hände fallen, das erklärt: »Meine Sozialisation ist halt so, daß ich nur mit Frauen kann, die irgendwie auch zu mir aufschauen.« Da rauft frau sich die Haare, setzt sich hin und spießt die Szenen der ›Szene‹ auf die Feder.
(dtv 10069 / DM 9,80)

Wie bereits der erste ist auch dieser zweite Band mit wahren Geschichten aus dem feministischen Alltag eine echte Lebenshilfe. Die angesprochenen Probleme sind von größter Aktualität, so etwa »Schwanger sein ist Power«, »Mondin, Mythen und Magie« oder »Ein unheimlich duftes Travellerfeeling«. Unverzichtbare Informationen für alle, die auf der Höhe der Zeit bleiben wollen.
(dtv 10334 / DM 9,80)

Auch ganz spezifisch weibliche Themen bergen so ihre Tücken. Neben männlichen Reizen und väterlicher Ausstrahlung behandelt Franziska Becker in diesem dritten Band auch lebenswichtige Themen wie Traumfigur, Fitness und Fernsehkultur und gibt damit wieder praktikable Ratschläge für alle Lebenslagen.
(dtv 10947 / DM 12,80)

... und als der Chef mir an die Möpse ging, hab ich ihm natürlich in die Eier getreten ... ... und jetzt sitz ich wieder hier ...
-K
L-N
EIN TRITT NUR NACH AUFFORDERUNG
DER BUNDESARBEITSMINISTER INFORMIERT:
TRÜMMER-FRAUEN-ZULAGE
FÜR ALLE FRAUEN JAHRGANG: 1910-11
DM 3.40 IM MONAT !!
ANTRAGSFORMULARE ZIMMER: 3697
UMSCHULUNG ZUR EHREN-AMTLICHE UMWELT BERATER
IHR ARBEITSAMT BERÄT
RAMBO

BÜCHER VON FRANZISKA BECKER IM EMMA-VERLAG

Zu haben im Buchhandel oder bei EMMA direkt + portofrei: EMMA, Kolpingplatz 1a, 5 Köln 1.

Der Posterkalender — 22 DM

Das Beste aus EMMA — 19.80 DM

Das Beziehungsbuch — 24.80 DM

Der Bestseller — 19.80 DM

FRANZISKA BECKER '99